AF263937

ADRESSE

A L'ASSEMBLÉE

NATIONALE,

PAR LES REPRÉSENTANTS

DE LA COMMUNE DE ROUEN.

Nosseigneurs,

Les Représentants de la Commune de Rouën
viennent déposer dans votre sein leurs inquiétudes

A

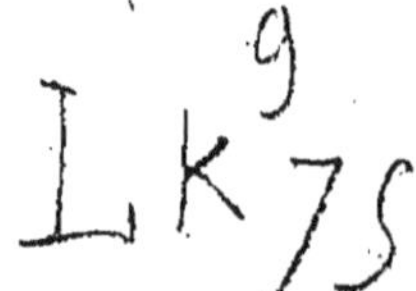

& leur vœu, fur une queſtion importante à la proſpérité & à la puiſſance de la Nation.

UN bruit s'eſt répandu dans toute la France,
dans toute l'Europe, & juſqu'en Amérique, que
les Repréſentants de la Nation Françoiſe alloient
juger cette cauſe fameuſe, reſtée indéciſe au Tribu-
nal ſuprême de la Grande-Bretagne, la liberté des
Noirs dans les Colonies.

Comme, au ſaint nom de Religion, on vît autrefois nos peres abandonner leurs foyers, & ſacri-
fier leurs intérêts les plus chers, pour aller affranchir des pays lointains de la ſervitude & l'incré-
dulité; de même, au nom ſacré de liberté, les Phi-
loſophes ont treſſailli de joie, &, dans un pieux
enthouſiaſme, ils ont prononcé le ſacrifice de ces
riches & belles contrées, fruits précieux de trois
ſiecles de travaux & d'induſtrie.

Ah! ſans doute, ſi l'intérêt le plus preſſant ne
s'oppoſoit point à un ſi grand ſacrifice, ce feroit
à la Nation Françoiſe, ce feroit au peuple le plus
juſtement célebre par ſes vertus douces & ſenſibles,
d'en donner le premier & généreux exemple.

Mais, ſans conſidérer ſi la maſſe des maux dont
gémit l'humanité devroit s'accroître ou diminuer par

l'abolition de la Traite des Noirs ; fans chercher à juftifier la condition fervile de ces étrangers dans nos Colonies ; enfin, fans approfondir les motifs fecrets d'intérêt & de politique qui ont empêché l'Angleterre de prononcer fur cette queftion importante & facrée ; il ne faut que s'intéreffer au fort de plufieurs millions de François fubfiftant uniquement du Commerce des Colonies ; il ne faut que réfléchir à la dette immenfe des Colons envers la Métropole ; il ne faut qu'envifager tous les moyens de richeffe , de profpérité & de puiffance, que la Nation trouve dans fes Colonies ; pour être effrayé d'avance des fuites funeftes qu'entraîneroit l'affranchiffement des Noirs.

Vivement frappés de ces confidérations, Nosseigneurs, nous avons cru devoir à nos Concitoyens juftement alarmés, nous avons cru nous devoir à nous-mêmes, de vous préfenter , avec nos remontrances refpectueufes, le tribut de nos méditations & de notre expérience.

La France a des poffeffions dans l'Inde, en Afrique & en Amérique ; mais fes Colonies les plus floriffantes font aux Ifles Antilles.

Les productions principales , qu'elle retire de ces établiffements , font le Sucre, le Coton, l'Indigo, le Café, le Cacao, le Poivre, la Gomme, la Cire, l'Ivoire, & un grand nombre de Graines, Fruits, Plantes, Bois de teintures, Bois de marqueterie, &c.

Elle leur fournit en échange du Vin, de l'Eau-de-Vie, de l'Huile, de la Farine, des Batiftes, des Linons, des Toiles, des Cotonades, des Mouchoirs, des Soieries, des Gazes, des Glaces, des Bijoux, des Modes, des Meubles, des Papiers, de la Faïance, des Cuivres œuvrés, de la Bonneterie, de la Chapellerie, de la Quincaillerie, des Inftruments de culture, des Outils de toute efpece, &c.

Quarante mille Familles Françoifes; fix cent mille Negres; deux mille lieux carrées de terreins, jadis incultes, fertilifés par notre induftrie; des Plantations, des Moulins, des Forts, des Atéliers, des Magafins, des Edifices; des Propriétés de tout genre, s'élevant à plus de dix milliards : voilà le tableau des Colonies.

Quinze cent Navires, trente mille Matelôts, trois millions d'Ouvriers, Cultivateurs, Artiftes, Manufacturiers, Négociants, & autres Citoyens de toutes les Claffes, vivant & s'enrichiffant de ces échanges immenfes ; un moyen toujours affuré de recruter nos Flottes; un excédent annuel de foi-

xante millions dans la balance du Commerce ; l'ac-
croiſſement relatif de la richeſſe & des revenus de
la nation ; l'augmentation proportionnelle de ſon
influence dans le ſyſtême politique de l'Europe :
voilà les avantages que la France retire de ſes
Colonies.

Hommes eſtimables, qui vous attendriſſez ſur
l'eſclavage des Noirs ! contemplez ce tableau ; pe-
ſez ces avantages ; écoutez la voix de trois millions de François tremblants pour leurs propriétés, leur ſubſiſtance & leurs jours ; écoutez les ac-
cents d'une grande province déjà ſouffrante des effets d'un traité déſaſtreux, & dont la perte du
commerce des Colonies acheveroit la ſubverſion ;
écoutez les nombreuſes réclamations de toutes les
manufactures, les pays vignobles, & les places maritimes ; écoutez la Nation entiere, alarmée ſur ſa
proſpérité, ſa richeſſe, ſa puiſſance ; & jugez tout
à la fois en hommes & en citoyens.

AVANT de nous livrer au plaiſir généreux de rendre la liberté à des hommes, examinons ſi cette
liberté ne coûteroit pas la vie à des citoyens, &
des larmes à la Nation entiere ; car, ſi c'eſt une vertu
de s'intéreſſer à des étrangers malheureux, c'eſt un
devoir de prévenir les malheurs de ſa patrie. Con-

fidérons donc quelles feroient les fuites de l'affranchiffement des Negres : confidérons fi les Colonies
peuvent être cultivées autrement que par des Negres ; fi les Colonies cultivées par des Negres libres
feroient fructueufes à la Métropole ; fi même elles lui
refteroient foumifes ; & enfin jufqu'à quel point la
perte des Colonies feroit funefte à la Nation françoife.

PERSONNE n'ignore que la température eft infi-
niment plus douce en France que dans les Colonies, & l'on fçait auffi que les moyens de culture
y different dans une très-grande proportion. Ici, le
bœuf & le cheval épargnent à l'homme la tâche la-
borieufe d'ouvrir le fein de la terre : là, il faut que
l'homme lui-même la fouille, la retourne, l'inter-
roge journellement, pour qu'elle réponde aux vœux
du propriétaire. Ainfi, les travaux les plus durs,
réunis à une chaleur infupportable, empêcheront
toujours le François de cultiver lui-même les Colonies.

Après de nombreufes & inutiles tentatives pour
cultiver à l'aide de la charrue ; après avoir effayé
en vain d'y fuppléer par des *Engagés* Européens,
les premiers Colons imaginerent, que, né fous un
ciel brûlant, organifé plus vigoureufement que nous,
& habitué dès fon enfance à l'image & aux travaux

de la servitude, l'Afriquain seroit propre à cette culture laborieuse. Le défrichement de plaines immenses, le dessechement d'un grand nombre de marais, ne tarderent pas à justifier leur opinion ; & bientôt la canne à Sucre, le Café & l'Indigo remplacerent des landes & des forêts aussi anciennes que le monde.

Ce que le Negre a fait dans l'esclavage, il semble au premier coup d'œil que, libre, il devroit le faire encore ; il semble même qu'il devroit faire davantage. Mais, si l'on réfléchit aux causes de prospérité ordinaires du commerce & de l'agriculture, & si l'on veut descendre un instant dans le cœur de l'homme, on se convaincra promptement du contraire.

Qu'on se représente en effet le moment & l'exécution de l'affranchissement ; qu'on se peigne le développement terrible de tant de passions long-tems comprimées ; le déchaînement de la haine, la fureur, la vengeance ; des Colons massacrés, d'autres fugitifs, tous dépouillés ; six cent mille esclaves se partageant, se disputant, s'arrachant le patrimoine de leurs maîtres ; tous les excès réunis de la violence, du brigandage & de l'anarchie : tels seroient les premiers, les inévitables effets de l'affranchissement ; & l'on n'imaginera pas sans doute que les Colonies puffent être fructueufes au milieu de ces fcènes d'horreurs !

Que fi l'on fuppofe le rétabliffement du calme, fans que l'ennemi ait profité de l'anarchie pour s'emparer de nos poffeffions, combien de temps encore s'écoulera-t-il, avant que les nouveaux affranchis aient acquis l'art difficile de cultiver fructueufement, avant qu'ils aient réuni tous les moyens d'économie que le crédit, l'expérience, & de grandes exploitations affuroient à nos anciens Colons ? Qui leur infpirera cette intelligence du maître qui dirige, fi différente de l'intelligence de l'efclave qui obéit ? Qui leur procurera des inftruments de culture & des inftallations convenables ? Qui leur avancera des meubles, des vêtements, des fubfiftances ? Qui voudra, qui ofera les leur confier ?

Ce fera peut-être cette Nation rivale & induftrieufe, toujours prête à recueillir le fruit de nos fautes ; & à faire de légers facrifices dans la vue de nous faire un grand mal ! Peut-être leur offrira-t-elle les moyens de crédit que la prudence nous feroit héfiter à leur accorder ! Et alors, qui oferoit lui défendre l'entrée de nos Colonies ? Et, les étrangers une fois admis dans les Colonies, pouvons-nous efpérer d'en conferver long-temps les avantages & la propriété ?

« Par tout pays où le marché eſt libre, (a dit un
» Ecrivain Anglois *) celui qui pourra faire de
» meilleures conditions, c'eſt-à-dire, celui qui pour-
» ra acheter plus cher & vendre à plus bas prix,
» ſera ſûr d'attirer le commerce. »

Or, quel eſt le Peuple qui pourra faire de meilleures conditions, ſi ce n'eſt celui qui a l'argent
en plus grande quantité & à plus bas prix ; celui
dont la marine eſt la plus nombreuſe & la plus ac-
tive ; celui dont les droits d'entrée & de ſortie ſont
le plus ſagement combinés ; celui enfin chez qui il
regne le plus d'eſprit de commerce & d'eſprit
public ?

Ne nous le diſſimulons pas : l'entrée des Colonies une fois ouverte & libre, ce ne ſont plus des
Colonies ; c'eſt dès-lors le marché, le patrimoine
commun de toutes les Nations commerçantes ; &
l'on y comptera bientôt cent bâtimens Anglois,
Hollandois & Américains, contre un ſeul pavillon
François.

Que deviendront cependant les millions de Citoyens que faiſoit ſubſiſter le commerce des Colo-

––

(*) Joſias Child.

nies ? Que deviendront les Places maritimes qui s'enrichiffoient de l'échange continuel des denrées Coloniales contre les productions de nos Manufactures ? Que deviendra le commerce, créancier de plus de 500 millions fur des Colons qui .ne reconnoîtront plus les loix de la Métropole ? Que deviendront ces arfenaux , ces chantiers, ces navires, & cette quantité précieufe de Matelots, qui affûroient en tout temps à la France un moyen de faire refpecter fon pavillon fur toutes les mers de l'univers?

LA voix de l'humanité parle , & tout autre intérêt doit fe taire , s'écriront les partifans de l'affranchiffement des Negres ! — Non, la voix de l'humanité , toute fainte , toute refpectable qu'elle eft, n'eft pas la feule qui doive fe faire entendre dans le Confeil des Nations. La propriété , la fûreté, la fubfiftance des citoyens; la profpérité , la gloire, la puiffance de l'Etat, doivent y trouver auffi des défenfeurs. Ce fentiment inné, cette loi impérieufe de la nature, qui nous dit : veille à ta confervation ! cette même voix crie au Légiflateur : veille au dépôt facré qui t'eft confié; préferve-le de la plus légere atteinte; garde-toi des illufions de l'amour-propre & de la fenfibilité; &, par l'efpoir généreux d'affranchir l'univers, par le noble défir d'honorer la philofophie, ne va point altérer le bonheur de ta Patrie, énerver ses forces politiques & la rendre le jouet des Nations !

On demande l'affranchiſſement des Negres !.... Mais ces Negres ſont une propriété acquiſe ſous l'autorité des loix ; mais *nul ne peut être privé de ſa propriété que pour cauſe de néceſſité publique, & avec une indemnité juſte & préalable* ; mais loin que la *néceſſité publique exige* que les Colons ſoient dépouillés de leur propriété, elle réclame pour eux protection & encouragement ; mais loin que la Nation ſoit en état d'*indemniſer préalablement* les Colons, elle gémit ſous le poids d'une dette énorme, & peut à peine remplir des engagements légitimes & arriérés.

L'affranchiſſement des Negres !... Mais peut-on les rendre libres ſans leur donner une propriété ? Mais peut-on leur donner une propriété ſans priver un Colon de la ſienne ? Et comment encore en ſera-t-il indemniſé ?

L'affranchiſſement des Negres !..... Mais les Colons le permettront-ils ? Mais, alarmés ſur leur propriété, tremblants pour leurs jours, livrés au déſeſpoir, ne rompront-ils pas les liens qui les attachent à la Mere-Patrie ? Mais cette ſciſſion funeſte ne ſera-t-elle pas fomentée par les autres

Puiſſances d'Europe, qui craindront que l'affranchiſſement dans nos Colonies ne provoque une in-
ſurrection dans les leurs ?

L'affranchiſſement des Negres !.... Mais ſi cet
affranchiſſement avoit lieu, l'humanité & la philo-
ſophie s'applaudiroient - elles long-temps de leur
triomphe ? Moins ſenſible & plus éclairé que nous
ſur ſes intérêts, le nouvel affranchi tarderoit-il à
faire divorce avec la France, ſi la France lui dé-
fendoit d'avoir des eſclaves, ſans leſquels il n'y a
point d'exploitation fructueuſe dans les Colonies?

L'affranchiſſement des Negres !.... Mais lorſque
nous aurons renoncé au ſeul moyen d'exploiter, de
conſerver nos établiſſements de l'Inde, de l'Afrique
& de l'Amérique, les Nations qui, comme nous,
y ont des Colonies, ſe détermineront-elles à en
faire le ſacrifice ?

N'embraſſons pas cet eſpoir chimérique ; ne nous
laiſſons pas éblouir par le ſyſtême illuſoire d'une
égalité parfaite, d'un bonheur général, d'une liberté univerſelle, incompatibles avec les vices,
les foibleſſes & les paſſions des hommes ; & ne nous
flattons pas de faire germer l'humanité dans les
ſables brûlants de l'Afrique, lorſqu'une partie de

l'Europe préfente encore le honteux & affligeant exemple de tant de millions d'humains courbés fous le joug de l'efclavage & le defpotifme de la glebe.

N'oublions jamais que, dans la balance des Empires, la puiffance de l'un s'accroît toujours de l'affoibliffement d'un autre; fongeons qu'en diminuant nos forces, nous augmenterions celles de nos ennemis, & qu'en nous privant de l'avantage immenfe de la vente des denrées coloniales, nous nous rendrions tributaires de l'étranger pour l'achat de celles utiles à nos befoins.

Et, que l'on ne dife point que ces denrées font en majeure partie fuperflues ! Qu'importe, fi ce fuperflu alimente nos fabriques, s'il vivifie notre marine, encourage notre agriculture, enrichit l'Etat, affure fa profpérité au dedans, fa puiffance au dehors, & lui donne cette force, cette fplendeur, cette prépondérance politique, qui feules peuvent garantir la France contre les entreprifes des autres Nations?

NE point permettre que des millions de Fran-

çois foient privés de leurs feuls moyens de fub-
fifter ; ne point fouffrir que quarante mille familles de Colons foient livrées aux horreurs du
brigandage, de la violence & du défefpoir : voilà
ce que nous ordonne l'humanité.

Refferrer les liens qui uniffent la France & fes
Colonies, affurer à la Métropole la vente exclu-
five de leurs productions, en défendre rigoureufe-
ment l'entrée aux Nations étrangeres, établir entre
les Colonies & la France une réciprocité d'affiftan-
ce, une uniformité de principes, d'égards & de
loix : voilà ce que nous ordonnent la prudence,
la raifon, l'intérêt & le falut de l'Etat.

La Grece, autrefois libre, & juftement célebre
par la fageffe de fes loix, eft paffée de joug en joug
fous celui de la plus affreufe fervitude, parce
qu'elle s'occupa plus d'affurer les droits des parti-
culiers que la puiffance de la Nation, & parce
qu'elle ne s'occupa point affez des moyens de réfif-
ter à l'oppreffion étrangere.

Vous avez fondé, NOSSEIGNEURS, vous avez
élevé l'édifice immortel de notre conftitution ; rien
ne peut ajouter à votre gloire & à la reconnoif-

fance de la Nation, que d'affermir les bafes de fa profpérité & de fa puiffance.

Nous fommes avec refpeᵭ,

NOSSEIGNEURS,

Vos très-humbles & très-obéiffants Serviteurs,

Les Repréfentants de la Commune de Rouen.

Rouen , ce 24 Décembre 1789.

Signés ,

Du Bofc , Cᵗᵉ. de Rade-pout , *Maire.*	Queval.
	Bigot.
De Bonne fils.	Profper Quefnel.
Ribard fils.	N. Prével.
Roger fils.	Quefnel.
De Bonne pere.	Robert Selot.
Ribard pere.	Lézurier.
De Sacquépée.	Chefd'hôtel.
Le Couteulx de Verclives.	Clérot.
Duval d'Imberville.	F. Caudron.
Le Vavaffeur l'aîné.	Wulgis-Dujardin.

(16)

Le Vieux.

Jean-Baptiste Affelin.

Tarbé.

Durand, *Proc. du Roi.*

Midy d'Andé.

Le Borgne.

Teurquet.

Louis Hurard.

Hubert.

Tamelier.

Henri Adam.

Balicorne.

Alexandre Prével.

Frémont.

Houel.

P. Deschamps.

L. Riviere.

Ch. Delefpine.

Maffé.

Ferry.

Bademer.

Taillet.

C. Dufour.

Hardy, *Doct. en Médec.*

Méry de Villers.

Méry.

Pavie.

Le Bourgeois de Belle-ville.

Pierre Pinel l'aîné.

Le Febvre le jeune.

P. N. Malandrin le jeune.

Elie le Febvre l'aîné.

Collationné conforme au plumitif, par Nous Sécretaire-Greffier de l'Assemblée Municipale & Electorale de la Commune de Rouen, soussigné.

Signé, HAVARD, *avec paraphe.*

A Rouen. De l'Imp. de P. SEYER & BEHOURT, Imp. de l'Hôtel-de-Ville, rue du Petit-Puits.